Let's Read
讀讀樂　　　語　文　類

沒什麼大事

故事・林淑玟　　繪圖・徐建國
活動、導讀、教學運用・九年一貫課程教學研究會

「趙—人—豪—、趙—人—傑—……」

聽到市場門口傳來拖長尾音的呼喊聲，我和人傑互看一眼，使出學校衝百米的速度，狂奔起來。

沒錯！媽媽正雙手插腰氣呼呼的站在市場門口，一看到我們，圓眼一瞪，大罵起來：

「你們倆又跑到哪裡撒野了？涮涮鍋的雞蛋還沒送，鍋貼店也在等麵粉，奶茶店在等砂糖，你們倆竟敢跑去玩……」

我們哪敢跑去玩！只不過是送麵線給麵攤時，老闆請我們吃了一顆滷蛋，剛剛才放進嘴裡，聽到她的喊叫聲，猛然一吞，還差點噎著呢！不過，這種事，不能現在跟她爭論，否則全市場的人都要圍過來看「媽媽教訓小孩」的鬧劇了。而我和人傑最不喜歡的一件事情，就是成為人們注意的焦點。

我們很難不成為人們注意的焦點，打從我們一出生，這件事情就註定了。以前，我爸爸還在時，最愛站在他的雜貨店門口，帶著炫耀的口氣說：

「從技術上說，他們只差一秒鐘。事實上，他們是手牽著手一起到這個世界報到的。」

於是，那些挑過雞蛋的手、抓過蘿蔔乾的手、捏過醬瓜的手，一隻隻都來拍我和人傑的臉頰，稱讚道：

「哎喲！好可愛喔！真的一模一樣哩！」

還有，市場裡面那些賣魚的、賣肉的、賣菜的，也沒有忘記穿著他們臭味沖天的圍裙，一把抱起我們，舉得半天高，搖晃著：

　　「我們這個市場第一對雙胞胎耶！又是男的，長大以後，就變成送貨的好幫手囉！」

　　真給他們說對了！自從爸爸撒手西歸，送貨的工作就少不了我們。小學一、二年級時，我們的力氣不夠，兩人合送一包五公斤的米，提得氣喘噓噓的，還不忘記要計較一番，在媽媽面前告另一個的狀，希望博取同情。結果，媽媽在市場裡當著大家的面，狠狠的把我們教訓了一頓：

「趙人豪、趙人傑。（當她連名帶姓的叫時，我們脖子上的毛不自主的全站起來了。）你們倆要搞清楚，這世界上沒有人比你們兩個更親近了。如果你們兄弟倆不知道要彼此合作，還互相扯後腿。我就讓你們一個人一次提五公斤，頭上還頂兩個雞蛋！」

說真的，當時我們實在不了解「扯後腿」的意思，但是看到那些從小抱過我們的人，全都站在一旁，似笑非笑的看著，沒有一個人伸出援手。從此以後，我們倆就學乖了——團結力量大！

現在，五年級的暑假，我們的力氣大多了，一個人扛起五公斤的米，還可以外加幾包麵線或兩桶油。而且，我們更愛一起去送貨，只要我們的速度夠快，合作無間，可以擠出一些屬於我們的時間，做我們愛做的事情。而這些事情，都不會讓我們成為眾人注目的焦點，譬如：騎腳踏車到處去探險。

其實，我們住的小鎮應該和臺灣其他的小鎮很像，從沒發生過什麼大事。（也許，我和人傑的出生算是大事，因為許多人從沒見過雙胞胎。）最熱鬧的兩條街，直的叫直路，兩旁有鞋子店、服裝店、麵包店、理髮店、書店等等，客運車走過這條路後會接上通往大都市的縱貫公路。橫的叫橫街，一頭是菜市場，另一頭矗立著媽祖廟。菜市場裡，早上會有熱鬧的人潮，下午以後卻會無聊得教人打瞌睡。媽祖廟就不一樣了，一年到頭都有人提著謝籃去拜拜，廟口前的小吃攤下午三、四點以後，一攤攤的亮起燈來，餛飩、湯圓、臭豆腐、肉圓、素麵、泡沫紅茶、刨冰……，應有盡有，光想就教人流口水。

除了這兩條主要的大街，我們住的小鎮，有許多像迷宮似的小巷，每一條巷子都可以找到好玩的

事情，那是我和人傑最喜歡趁我媽在店裡打瞌睡時，騎著腳踏車鑽來鑽去的地方。例如：菜園巷底有一間林家祠堂，每年冬至的早上會開放，還有一大鍋熱騰騰的甜湯圓給人隨便吃。我和人傑雖然不姓林，總要特別拐個彎，到那兒喝一碗，才去上學。只是，平常它大門深鎖，誰也別想進去。不過，我和人傑一定有辦法，兩人合作無間，一搭一翻，就過牆了。可惜裡面沒什麼好玩的，幾張舊桌椅、兩三塊舊匾額，淒涼得很。倒是刻在牆壁上的字很有意思，我們費了好大的勁兒讀完它，才知道，一百多年前，林家出過一位舉人呢！原來，我們這個小鎮也有過大事。

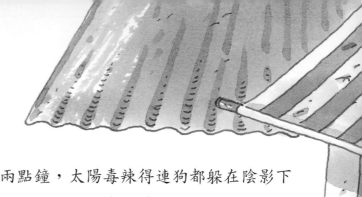

這一天下午兩點鐘，太陽毒辣得連狗都躲在陰影下不出來，我和人傑站在綠豆麻袋前，用小塑膠袋，一袋袋的分裝著。

我們手裡有一搭沒一搭的裝，眼睛卻不時的瞄向在一旁的媽媽：她坐在椅子上，兩隻手安安穩穩的擱在肚子上，頭點了一下、又一下，然後一歪，靠在旁邊的櫃子上，嘴巴微微的張開來。

只要她露出這一號表情，我們就知道時候到了。我和人傑互看一眼，輕輕的把綠豆放下，栓緊麻袋口，倒退著走出去。

這種天氣，沒有人會到市場來買東西，媽媽起碼可以睡上一個半小時。等到太陽斜了，大部分的人到街上走動時，我們會飛快的回到綠豆麻袋旁，繼續分裝的工作，媽媽絕不會發現。

一出市場門口，我們忍不住的都瞇起眼睛，白花花的陽光亮得讓人無法直視，熱氣在柏油路面蒸騰著，所有的東西都像在水中的倒影一樣，扭曲變形。

「媽媽要是知道我們在這個時候出門，一定會殺了我們！」人傑一邊戴上帽子，一邊說。

「這個時候去游泳最好！」我說了心裡最想做的事情。但是沒辦法，連游泳池的工作人員都怕熱，三點鐘才開門。

人傑牽來腳踏車，問道：「今天誰騎？」

「昨天是你載我，今天換我載你！」

這件事情也沒辦法，一輛腳踏車，兩個都想騎，只好輪流了。我們也曾經要求過一人一輛，不是很公平嗎！媽媽又瞪起她的圓眼：

「怎麼！你們以為賺錢很容易啊！一輛腳踏車夠用就好，買那麼多擺哪裡？還有，人豪！」她的手指頭戳到我

的額頭上了：「你出去的時候，讓著弟弟一點，要是讓我知道，你們倆為了騎腳踏車打架，你就完了！至於你……」她的矛頭轉向人傑：「要是讓我聽到，你霸佔著車子，一分鐘都不肯讓哥哥，你也完了，知道嗎！」

我們當然都知道。雖然我們不了解「完了」是什麼意思，不過最好別問，因為絕對不是好事情。

我跨上腳踏車，穩住，人傑立刻站到後車輪加裝的火箭筒上，雙手搭住我的肩膀：「出發囉！」

街上一個人也沒有，不會有人在意我們大聲說話。

「今天我們去哪裡？」人傑在我的頭上大吼。

這就是握腳踏車龍頭的好處，騎的人有權力決定去處，被載的人只有聽命的份兒。這件事情我們也吵過幾次，後來發現，當我們意見不同、爭吵不休時，時間已經悄悄的從我們的背後溜走了，等我們終於意見一致時，已經是該回去向媽媽報到的時間了。爲了決定去哪裡玩而吵，卻一點兒也沒玩到，太划不來了！

　　炙熱的風掃過我的臉，我想起一個好地方。

　　「到大水塘去！」

　　「好主意！」

鎮上的人沒有一個人不知道大水塘。它是名副其實的「大」水塘！記得小時候第一次看到它，只覺得水汪汪的一大片，墊起腳來還看不到邊呢。那時候的我認為，海大概就是這個樣子了。現在長大一些，再看它，還是認為它很大，因為徒步繞一圈也要二十分鐘。

　　它的大，當然帶給我們許多的好處，特別是夏天的時候，雖然大人總是警告我們，大水塘不安全！（因為每年總要溺死幾個人。）可是，呵呵！大家真該來看看這裡的盛況。就像現在，我奮力的踩著腳踏車，飛快的穿過巷道，鑽過一大片相思林，沿著小柏油路，再爬上陡坡，衝過蔭涼的竹林，還沒看到在陽光下閃閃發亮的大水池，幾里外就聽到嘩啦啦的水聲和歡笑聲了。

嘿！清涼有勁的大水塘樂園，我們來了！

我們的腳踏車「唰！」的一聲，在水塘旁的竹叢停下來。哇！在現場，不僅可以看到、聽到，還可以聞到許多令人精神振奮的東西。

首先，我們看到許多早到的人（清一色都是小孩），已經泡在水裡使出各種招式：狗爬式、青蛙式、自由式和自創式（要知道，到這兒來可不是參加什麼游泳比賽，沒人規定用什麼姿勢）。還有人坐在輪胎內圈或橡皮艇上，正和水裡的人互相潑水、打水仗，打得水塘裡水花四濺。

接著，我們聽清楚那些笑鬧聲是在說什麼，有人叫喊著：「看我的炸彈！」果真就傳來一陣炸水聲；有人鬧著：「來啊！來啊！來比啊！看誰潛得久。」於是，又是一陣嘩啦啦的水聲，幾條腿消失在水底下。我猜，不出一分鐘，他們個個就會搶著冒出水面，像魚一樣，張大嘴巴喘氣了。

　　最吸引人就是聞到食物的香味了！我轉頭尋找香味的來源，天哪！炸香腸、蚵仔麵線、冰淇淋、小籠包、珍珠奶茶……，媽祖廟前那些小吃攤有一半都來了吧！難怪街上沒有人。再加上那些在水塘邊釣魚的人，立刻就將魚蝦烤起來的香味，真的，這裡比夜市還熱鬧了！

　　我和人傑迫不及待的脫下上衣和外褲、踢掉鞋子，就往水裡跳。嘿！有人要說，為什麼只穿內褲？那麼來檢查好了，我敢打賭，這裡十個裡有八個不穿泳褲，那些一、二年級的小不點，光著屁股就下水了，連內褲也不穿呢！

穿泳褲是游泳池的規矩，在這裡，不必遵守。

聽說大水塘永不乾涸，因爲池底有泉水會自動湧出來。因此，水塘的水，夏天顯得冰涼，冬天摸起來卻有點兒溫溫的。所以，有些老人會在冬天的早晨到這兒來游泳。不過，我們還是喜歡在夏天來，尤其是今天這種熱天，泡在水裡，清涼到底。若是覺得冷了，起來到岸上走一圈，又會熱得想往水裡鑽了。

我們學鴨子在水裡扎猛子，又學狗兒的狗爬式，接著和那些躺輪胎內圈、坐橡皮艇的人打了幾場水仗。

這時，一輛吉普車拖著帆布蓋著的小車，轟隆隆的開到水塘邊。所有的人都停了下來，我們也從水裡站起來，眼睛眨也不眨一下的看著。

「那是什麼東西？」人傑站在我背後，小聲的問。

「吉普車！」

「不是吉普車，是吉普車後面拉的那樣東西。」

「不知道！」

我說的是實話，在我們小鎮誰也沒見過那種東西。

吉普車的門開了，下來一個戴著蛙鏡、穿著連身泳裝的男孩，是丁重浩。他是我們班同學，每天身上都帶著千元大鈔來上學。每一節下課，就領著一票

同學到福利社去。當然，我也跟
去了，有好吃的東西誰不
跟嘛！上個學期末，他帶
了一個閃閃發亮的「大
哥大」來上學，把大家
羨慕死了。不過，當他
上課時還炫耀的擺在桌
上，立刻就被老師沒收
了，因為老師規定：
「上課不准接電話！」

現在，他走下車來，蛙鏡推在頭頂上，昂首闊步的走到車後，一把扯下帆布。嗚哇！一輛水上摩托車。

吉普車裡走下另一個人，是丁重浩的爸爸，也穿了一身顏色豔麗的連身泳裝。丁爸爸在縱貫公路旁開了一家很大的汽車修理廠，最近，他新買了這輛吉普車，常常在小鎮的兩條主要馬路，一路響著喇叭呼嘯而過，教全鎮的人都記得這輛吉普車了。而且他還學起電視裡的人，蓄起長髮紮成一束馬尾，再留上一臉絡腮鬍。呃……，我們這一些小蘿蔔頭從沒見過這麼時髦的人物，看著他時，只能用「目瞪口呆」來形容。

相信所有的人都跟我們一樣，盯著那兩個人猛瞧。我猶豫著要不要跟丁重浩打招呼。因為他露出一副很得意的樣子；頭昂得高高的，鼻孔朝向天空，加上那一身豔麗的泳裝，就像一隻洋洋得意、趾高氣昂的公雞。也許他認為請大家到福利社吃東西，是一回事，並不想把我們當朋友。所以，本來我想舉起來打招呼的手，又悄悄的放下來了。

我們看著他們把水上摩托車卸下來，推進水裡，一前一後的站上去。也看著他們發動摩托車，在水上奔馳起來。還聽到他們大聲呼嘯、狂笑，圍著我們繞了兩圈，才有人醒了過來。

「喂！這裡不能用水上摩托車！」有一個大孩子站在水裡大喊。他叫林大山，暑假前剛從我們學校畢業。

「誰規定的？」丁重浩的爸爸故意激起一道水花，打在林大山的身上。

「可是……可是……，這樣很危險！」另一個大孩子也大聲說。這一個是林大山的同學，我們只曉得他住在車站後面，不知道叫什麼名字。

「我的技術很好，我說不危險！」丁重浩的爸爸又繞回來了，激起更大的水花。「哈哈！我說吧，很好玩的，一點兒也不危險。」

雖然，我們身上早已濕了，不怕再濕，可是被人用強力水花打濕可就不一樣了。

「這樣我們就不能游泳了！」有個小不點尖著聲音說。

我很佩服他，勇氣過人！

丁爸爸故意放慢速度，在我們旁邊繞：

「你們到水塘中間游，我在外圍繞。我不吵你們，可以嗎？」

大水塘的中央，一堆爛泥，誰敢過去？那是最危險的地方。

　　林大山再度開口：

　　「為什麼不是你們到那裡去？我們是小孩，留在岸邊。」他的手指向另一頭寬廣的水域：「那裡很大，你們可以到那裡去！」

　　丁爸爸把水上摩托車停在他的旁邊，眼睛好像要冒出火來：

　　「小鬼，你給我聽清楚！我說，我要怎麼繞就怎麼繞。」然後，他又瞪向我們大家：

「你們那些沒本事到中間去的，就滾回家！」

　　丁重浩也沒閒著，他站在摩托車後面，跟著露出一臉兇相，對我們比拳頭。

　　大水塘是大家的，憑什麼他們來了，我們就得滾回家？

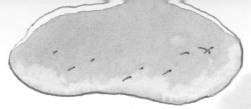

　　我氣得真想潑他們一盆水。但是人傑拉拉我的手臂，小聲的說：

　　「好像快四點了，我們該回去了！」

　　真是太生氣了！當我用力的踩著踏板，穿過相思林時，忍不住提高聲音的對站在後面的人傑說：

　　「他以為大水塘是他家的呀！竟然還罵我們是小鬼！以後，再也不陪丁重浩去福利社了。」

　　我嘴裡這樣嚷著，心裡卻覺得有點兒可惜。丁重浩買的都是我們平常買不起的東西呢！

　　人傑在我的頭頂上方回答：

　　「是啊！真可怕，他竟敢穿那種泳裝！」

的確，那套泳裝穿在他的身上好像裝了一根特大號的火腿。我猜，若是穿在我們身上大概就像放了塊排骨。不過，不管是火腿還是排骨，打死我也不要穿。

　　這時，人傑突然驚叫起來：

　　「咦？我的錶？你幫我拿了手錶嗎？」

我停下腳踏車，抬起我的手腕：「嘿！別隨便冤枉人，我可是戴自己的錶。」

　　人傑跳下後車輪，手在所有的口袋摸了一遍，露出「完蛋了」的表情：

　　「糟了！不見了！」

　　這事非同小可。媽媽對於「不知道把東西放在哪裡」的說法，一向的態度就是臭罵我們一頓：「不知道珍惜！」「以為賺錢很容易？」「沒腦筋！」「不專心！」……，這些話出自她的嘴巴，就像針一樣的扎我們的耳朵和心。可是我們能怎麼辦？雖說我們不是故意的，可是誰叫掉東西的是我們。接下來，她會派給我們更多的工作，好補償損失。所以，對於已經擁有的東西，我們早就學會了：要努力保護，最好永遠不會壞！（若是不小心弄壞了，更慘！）

　　人傑的表情把我也嚇壞了：「確定有戴出來？」

　　「我記得很清楚，我脫下來後，放進口袋裡。」人傑一副很有把握的樣子。但是立刻又嚇白了臉：「會不會被偷走了？」

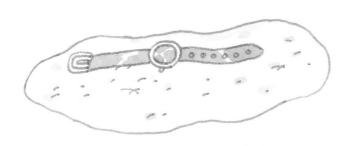

　　沒錯，竹叢下、草地上，到處散著其他人的衣服，我們
又玩得太專心了，說不定有人趁機摸走了。不過，我抬抬
手腕：「我的也放在口袋裡，沒被偷呀！會不會掉在地上
了？我們回去找找看。」

　　人傑猶豫起來：「這樣……我們回去會被媽媽罵……」

　　是啊！好為難喔！掉東西會被罵，晚回去也會被罵……
也許……

　　「也許快一點就不會了！」我把腳踏車轉個頭，再度跨
上去：「快！」

　　我們往回走，正要衝上陡坡時，一大群孩子又喊又叫的
從坡頂衝下來：

「撞到人了！撞到人了！」

「死人了！」

　我趕緊煞住車子，看那群人從我們身旁飛快的跑過，他們有人身上沒擦乾、有人頭上的水還往下淌、那些小不點更是連褲子也沒穿，抱著衣服、大叫大嚷、拚命的往下衝。

林大山看到我們，一邊跑、一邊大叫：

「不要過去了！很危險！」

到底是怎麼一回事？看他們驚慌失措的樣子，不會是水裡有什麼怪物跑出來吧？

不過，就是有怪物，我們也要去把手錶找回來。

看著那群人越跑越遠，嘈雜聲還隨著風吹回來，讓我和人傑不禁小心起來。我們把腳踏車藏在路旁的樹後，沿著樹影，躲躲藏藏的回到大水塘旁。現在，大水塘依舊在陽光下閃爍，卻悄然無聲，水裡一個人影也沒有，只有小吃攤還散發出香味。

我們匍匐著，爬到原來放衣服的竹叢下。從這裡可俯瞰大水塘，連小吃攤也看得一清二楚，只是那些穿著圍裙的老闆全不見了，大遮陽傘下的釣客也不見了。

原來老闆和釣客們全擠到大家下水的那條泥路上，正交頭接耳著。其中，丁爸爸的聲音最大：

「哪裡痛？頭有沒有昏昏的？我就說嘛！我的技術很好的。」

　　接著，丁爸爸推著一個小男孩突破人群，走上他停車的地方。那個小孩我們也認得，是四年級的，他爸爸種了很多菜，早上會推到菜市場來賣。平常看他很活潑，可是現在看他臉色不太好。

　　丁爸爸把他推到車子旁，從車子裡拿出一些東西塞進小孩的手裡。

　　雖然他故意壓低聲音，躲在竹叢下的我卻聽得很清楚：「這是送給你的。不過，不能告訴你的爸爸媽媽，知道嗎？尤其是今天在這裡發生的事，一定不能讓他們知道！」

　　小孩看看手裡的東西，又看看丁爸爸，張開嘴巴好像要說話，卻被丁爸爸一推：「趕快回去，要不然被你爸爸發現，你就慘了！」小孩傻愣愣的，拖著腳一拐一拐的走了。

什麼時候他變成跛腳了？

　　這時，人傑高興的低呼起來：「找到了，掉在這裡。」

　　「噓！」我搗住人傑的嘴。因為，丁爸爸又走回那群大人中間，大聲的說：

　　「各位兄弟，這是一點小意思，今天的事，大家就當作沒看到也沒聽到啦！」

　　接著，他塞給每個大人一些東西，還用力的拍拍他們的肩膀。這一次我看清楚了，他塞進那些大人手上的東西全是千元大鈔。我也注意到，有一個人收到東西時，表情怪怪的，卻又不知道該怎麼辦才好。他轉頭看看，其他的人都笑咪咪的收下了，他也跟著放進口袋裡。

38

　　這時，丁爸爸推著丁重浩往水邊走，高聲的說：

　　「兒子，你看我說的對不對？使出這一招後，他們就不敢囉嗦了，現在把池子全讓給我們了，我們來好好的飛個幾圈吧！」

　　原來如此！

　　但是，我們現在沒有時間生氣，比我們生氣十倍的人，可能在菜市場門口等著我們。

　　果真沒錯，當我們像被人追趕、沒命似的踩著腳踏車回到菜市場時，媽媽雙手插腰的身影正直挺挺的站在那兒。

　　沒辦法，誰教我們被逮個正著，這時什麼理由也用不上。要知道，大人比小孩聰明多了（至少我媽就是）。因為，如果我們為了逃避被罵，實話實說：「錶掉了回去

找。」那麼，我媽一定會追問：「為什麼會掉？」「到哪裡找？」「為什麼會到那裡去？」……，最後，我們就不得不把溜去大水塘的事給抖出來了。偏偏，她早就禁止我們去大水塘，這下可好，我們的誠實反而變成不誠實了！而我們也深深的知道，不誠實、說謊的結果，就是要說另外的五個謊來遮掩第一個謊，於是越說越多，最後可能要說一百個謊才能遮掩第一個謊，而每一個謊都漏洞百出，就算我們有一千張嘴巴也無法解釋清楚了。

所以，為了不讓我們變得像補漏洞的傻瓜，現在即使被罵得狗血淋頭，也只有咬緊牙根，一句話都不能說！

接下來的幾天，我們理所當然的被禁足了，理由是：大熱天偷跑去玩。罪名還算輕，比被她發現去大水塘好多了。只是天氣熱得教人難受，而且，每天三點鐘時，那些魚販、肉販、菜販家的小不點，換上花泳裝、泳褲，套著各式各樣的游泳圈，有說有笑的往游泳池去，差點兒沒把我們羨慕死了。不過，我和人傑一向很會調適。

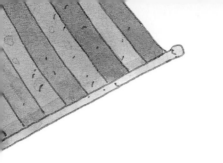

　　看看那群娃娃兵走遠了，我們站在綠豆麻袋旁互相安慰：「終於，下餃子時間到了。」

　　「是啊！安靜許多。」

　　「我敢打賭，這些小不點兒一定有人會在池裡偷尿尿。」

　　「那還用說嗎！幸好我們不必跟著去。」

　　不過，說真的，我們嘴裡雖是這樣說著，心裡還是有點兒難過……唉……

過了一個禮拜，有天傍晚，我們去送米時，在街上遇到林大山。他停下腳踏車對我們說：

　　「你們聽說了嗎？丁重浩爸爸的水上摩托車，在大水塘撞死一個小孩子。」

　　我笑起來，搖搖頭：「他耍詐的啦！他想自己佔用大水塘，把我們通通趕走，騙我們的。」

　　「不！這次是真的。」林大山很嚴肅：「剛剛才發生的。那個小孩流好多血，把水都染紅了。好可怕！」

　　難怪，下午我們聽到救護車嗚嗚響著疾駛而過，還以為是車禍呢！

　　「活該，丁重浩的爸爸這下子要被捉去關起來了。」林大山加了一句。

　　真的死人了？是不是那天那個小孩？或是其他我們認識的人？……想想，真的很可怕，還沒長大就死了。他的爸爸媽媽怎麼辦？

　　回菜市場的路上，我和人傑一句話也沒說，默默的走著。

　　第二天，全菜市場的人都在談論這件事情。一個買雞蛋的客人說得臉色慘白：

　　「真想不到丁先生做出這樣的事情，怎麼會做得出來？」

另一個買香菇的插嘴：「我看他是做得出來。看他每次開著車在街上橫衝直撞，根本不把人放在眼裡，小孩算什麼！」

　　有一個買榨菜的則拍著胸口：「他自己也有小孩，為什麼不想想，如果是他自己的小孩被撞，他作何感想？」

　　對面菜攤的姨婆好奇的問：「現在到底是怎麼樣？那個小孩真的被撞死了嗎？」

　　隔壁賣肉的源叔接話：「沒有啦！聽說還在加護病房啦！」

　　媽媽也加進來了：「總之，我認為，還是不能讓小孩去大水塘。不是溺死，就是被撞死，結果都一樣，都叫父母受不了。」

　　我們正在幫忙客人秤東西，但是也知道媽媽是故意說給我和人傑聽的。偏偏客人卻一個個誇讚起來：

「唉呀！阿蘭，你這兩個放心啦！你看他們多乖，又會幫忙做生意，不必擔心啦！」

說得我的臉熱辣辣的。

另一邊做麵條的春福伯，揚著報紙走過來：

「喂！你們這些人不看報紙的嗎？瞧！報紙都登出來了！」他沾滿麵粉的手，指著報紙的一個角落。

立刻，我們所有的頭都湊過去了。我正好擠在最前面，看得最清楚。

「水上摩托車闖禍　小孩生命垂危」

接著，那張報紙在那群大人的手上傳來傳去，他們還七嘴八舌的討論著：

「真的，報紙登出來了耶！」

「哎喲，只寫這麼一點點，我們哪裡看得懂？這個記者有沒有到現場去啊？」

42

「欸！這麼說來，這是大事囉！報紙都登出來了。」

「不曉得電視台會不會派人來拍？」

雖然，它只出現在報紙的一個小角落，不過，我們小鎮就吵得鬧翻天了！

當天晚上，我們正在收拾東西準備關店時，在樓上里民中心工作的魏哥哥匆匆忙忙的跑過來：

「蘭姨，對不起，現在才有空跑下來通知你。等一下有人要來開調解會，麻煩送一箱烏龍茶、一箱沙士。就請人豪、人傑幫忙扛上來。」

媽媽立刻放下手上的東西，走到放飲料的地方，大聲的問：

「開什麼調解會？」

「就是水上摩托車撞傷小孩的事呀！蘭姨，拜託你了。七點半以前要送上來！」魏哥哥一邊跑上樓，一邊回頭大聲叮嚀。

我和人傑互看一眼，開調解會？

調解會是什麼？我們不知道，但是現在有關丁爸爸的事，我相信，人傑和我一樣好奇。

當我們把飲料扛上三樓時，里民中心已經來了一些人了，他們三三兩兩的聚在一起，小聲的討論著。其中有一個人應該是重要人物，因為選鎮長時，他常常站在鎮長的旁邊，現在他也被人圍在中間。這時，一陣哭喊聲從樓梯間傳上來，讓大家的討論全停了下來，我們更不捨得下樓了。不一會兒，一個女人揪著一條小毛巾，捂著臉，哭哭啼啼的被人扶著

走進里民中心。那個重要人物趕緊走過去，拍拍她的肩膀，安慰道：

「現在孩子的情況怎麼樣？別傷心了，我們會處理的，希望有個圓滿的結局。」

正說著，丁爸爸帶著丁重浩，領著幾個人也出現在門口。那女人轉頭，看到丁爸爸，立刻撲到他的身上，舉起拳頭猛捶，一邊嘴裡還嘶喊著：

「壞人！大壞人！還我的孫子來！」

丁爸爸舉起胳臂遮擋，氣急敗壞的大喊：「幹什麼？幹什麼？」

旁邊的人全都跑過去，努力的拉開他們。那女人還是很不甘心，手臂雖然被架住了，嘴裡還不住的大罵：

「沒良心！兇殘！你怎麼不去撞自己的小孩！」

丁爸爸一邊用手撐撐身體，一邊惡狠狠的瞪著那個女人看，一句話也沒說。但是，我注意到丁重浩的表情，雖然也露出一臉的兇相，但是手卻顫抖著。

　　那個重要人物開口說話了：

　　「大家坐下來。有話慢慢說。

　　今天請大家來，就是要解決事情。大家不要意氣用事。」

　　那女人原來已經被人按住在椅子上了，一聽這話，又彈了起來：

　　「那要看他有沒有誠意？如果他想，他是有錢人，用錢就可以壓死人，我可不吃這一套。要是他想，他的兄弟很多，派幾個兄弟帶些傢伙來嚇我，我也不怕。要知道，不是只有你有兄弟，我也有兄弟！」

　　她說得又急又快，聲音尖銳得刺人耳膜。丁爸爸原想跳起來，都教旁邊的人給壓住了。

主持人口氣還是很和緩，努力安慰她：

　　「我們知道你很心疼！但是事情總得找出一個解決的方法，生氣的叫罵，只會把事情弄得更糟。既然，丁先生也不希望到法院去，陳女士也認為調解會可以幫忙調解，算是第一步已經有共識了，我們大家就心平氣和的談談。」

　　接下來，他們所談的事情，就像在看一場戲。因為那個女人不一會兒就站起來指著丁爸爸大罵，要不就聲淚俱下的訴説自己的慘狀。丁爸爸一會兒滿臉通紅，一副氣得想跳腳的模樣；一會兒又鐵青著臉，好像想衝過去打那個女的一頓。

我們看得正有趣，媽媽的聲音從背後傳來：

「怎麼？來了就被釘住啦！事情留給我一個人做？」

說真的，我們很想留下來看結果。但是媽媽那冷冰冰的聲音，讓我們不得不轉過身來，乖乖的往樓下走。

就在我們往中心瞄最後一眼時，看到丁爸爸氣呼呼的站起來，說出一大串話。媽媽就跟在我們後面下樓，嘴裡咕噥著：

「有人的墮落就從嘴巴開始！」

關於這麼深奧的話，我保證，人傑和我一樣，一句也聽不懂！不過，千萬不要這個時候問，否則又有一頓排頭吃。現在要緊的是，幫忙把店關好，趕緊回家睡覺！

第二天一早，我們才開店門，幾個早到的客人就伸長脖子問：

「阿蘭，聽說昨天晚上在樓上開調解會？」

「是啊！聽說吵得很兇。」

「結果如何？」

看來，消息吹送得比風還快。

阿源叔還在切豬肉，露出無所不知的架式：

「吵當然要吵啦！不先吵一吵，怎麼叫開調解會！」

奇怪？我記得昨天在會場裡並沒看到阿源叔呀！

姨婆也正把菜上架，插嘴說：

「大聲的人就吵贏了！」

怪怪！這些不在現場的人消息比我們還靈通。

好不容易，媽媽找到開口的機會：

「結果沒那麼快啦！我看起碼還會再開個一、兩次！」

客人們又搶著說了：

「有沒有說，要賠多少錢？」

「聽說小孩的阿嬤要求一千萬！」

「一千萬?!」

有人好像喘不過氣來了！

「有這麼好的事嗎？我們也叫我們的小孩給他撞一下，也要個一千萬，以後一輩子都不愁吃不愁穿了！」

媽媽瞪起她的圓眼，口氣不太好：

「別傻了！哪有這種美事？我寧可要一個健康的孩子，也不要那一千萬！」

原來說話的那個客人，臉紅了起來：

「那……那當然啦！我……我只是說，要一千萬未免獅子大開口……」

春福伯扛著一大袋麵粉走過去：

「是啊！錢再賺就有了，怕什麼！身體健康比較重要啦！」

接下來那一整天，大家來菜市場的目的，好像不是買菜了，全是來交換消息的。菜市場整天都人來人往、鬧哄哄的，打破了下午就會安靜的慣例。所以，媽媽的午睡被迫取消，我們的偷溜計畫也一再延後。

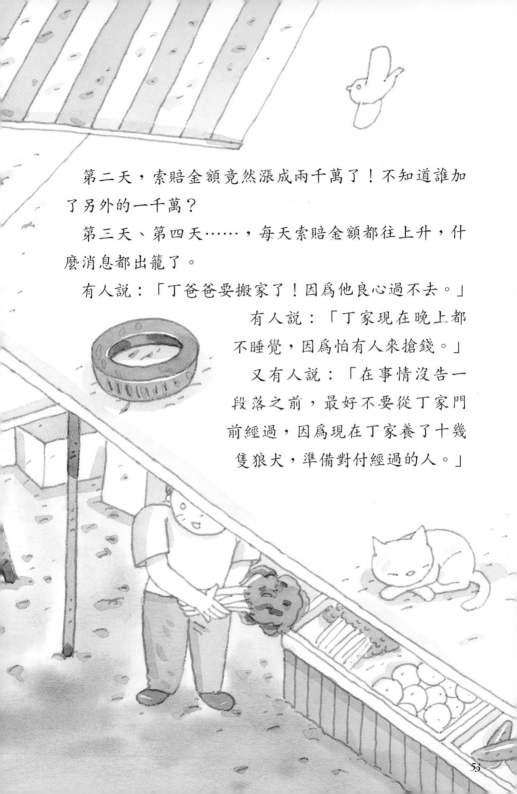

　　第二天，索賠金額竟然漲成兩千萬了！不知道誰加了另外的一千萬？

　　第三天、第四天……，每天索賠金額都往上升，什麼消息都出籠了。

　　有人說：「丁爸爸要搬家了！因為他良心過不去。」

　　　　有人說：「丁家現在晚上都不睡覺，因為怕有人來搶錢。」

　　　　又有人說：「在事情沒告一段落之前，最好不要從丁家門前經過，因為現在丁家養了十幾隻狼犬，準備對付經過的人。」

事情什麼時候會告一段落？我實在不清楚。但是，我送貨經過丁家時，沒看到什麼大狼犬，倒是注意到修理廠的大門關著。當然，我是在馬路這一頭看過去的。但是，我把腳踏車騎得飛快，好像後面真的有十幾隻大狼犬在追我一樣。

這事兒，我也曾和人傑偷偷的交換過意見。沒想到他比我還大膽，他故意慢慢的靠著大門騎過去，往裡面多瞄了幾眼，只可惜裡面暗暗的，什麼也沒看到。

　　一個星期後，有個警察陪同魏哥哥來到店裡。媽媽笑臉迎上去：

　　「啊！王警官、小魏，有什麼事？還是要買什麼東西？」

　　魏哥哥先開口：

　　「蘭姨，今天晚上還要再開調解會，麻煩請人豪、人傑再送兩箱飲料上去。喔，今天改送麥茶好了，大家說天氣熱，麥茶可以降火氣、解渴。還有，人豪、人傑送上去後，恐怕不能馬上下來，我們有幾件事情想請教他們兄弟倆。」

「哦……爲什麼？」媽媽的眼光在我們臉上轉了一圈。

「有人說，曾經在大水塘附近看過他們兄弟倆。我們想麻煩他們說明一些事情。」王警官補充著：「蘭姨如果不放心，也一起上來聽。」

媽媽的眼光始終沒有離開過我們的身上，聽完這些話，好像會射出箭來，扎著我們的心，叫我們不知如何是好？

幸好，這時又有一堆客人來買東西，解了我們的圍。但是媽媽拋下一句話：

「等一下，我們好好的談一談！」

雖然，我和人傑背對著背，分頭為客人服務，但是還是
忍不住講起屬於我們的悄悄話：

「怎麼辦？媽媽要發現了。」

「兵來將擋，水來土掩，見機行事呀！」

「別說什麼風涼話了，要是真讓媽媽知道我們去過大水塘，我們就死定了！」

「頂多被臭罵一頓，怕什麼？」

我手裡幫忙秤著蝦米，但還是忍不住回頭來瞪人傑一眼：

「別裝一副老大的樣子，每次都是你先哭的。」

他也拎著一袋的梅乾菜，回瞪我一眼：

「誰先哭，你才先哭呢！娘娘腔！」

又來了！每次我努力想找出解決的辦法，他就會說些讓人生氣的話。誰說雙胞胎一模一樣？我看，我們倆是很不一樣。

這時，媽媽走過來我們的身後拿罐頭，低聲的說：

「怎麼！還不老實，等我修理？」

我們乖乖的閉上嘴巴，不敢再說什麼悄悄話。看來，鐵定會被修理得很慘了。

這一天，客人不多，但卻陸續的來，讓我們都不得休息。好不容易忙到十二點半，媽媽拿出一百塊：

「你們倆先去吃自助餐，一點鐘準時回來，換我去吃。下午，我們再來好好討論早上那件事。」

我捏著那張一百塊，和人傑才走出市場門口，聽到有人叫著：

「趙人豪、趙人傑！」

我們一齊轉頭，看到丁重浩躲在一根柱子後面對我們招手。他像火腿一樣的身體，在柱子後面露出一大半。

「來，過來一下！」

我遲疑著，看看人傑。人傑雖然也猶豫了一下，但還是說：

「過去看看吧！」

才說完，他已經開步走了，我只好跟上去。

走到柱子旁，我們嚇了一大跳，柱子後面躲著另一個人，是丁爸爸！我們好一會兒才認出他來，因為他把鬍子剃了，頭髮剪短了，還戴了一副墨鏡。

他一看到我們，帶頭先走：「我們找一個安靜的地方！」

我們在大太陽底下，走到林家祠堂後面。這兒真的很安靜，連隻狗也沒有。但是我卻聽到我的心臟咚咚咚撞著胸膛的聲音。我相信，那聲音大得其他人也聽見了，可是人傑卻裝出一副很冷靜的樣子，我真是服了他。

「小兄弟！」丁爸爸摘下墨鏡面對著我們：「你們是我兒子的同學。重浩說過。上回在大水塘，我也見過。所以我想請你們幫忙。你媽媽不喜歡你們去大水塘，對不對？」

他葫蘆裡賣的是什麼藥？

他的眼光在我們倆的臉上來回的看著：

「而且你們也不想惹媽媽生氣，對不對？那就什麼都不

要說！你們去大水塘的事不要說，在大水塘看到我的事也不要說，知道嗎！來，這是我謝謝你們的幫忙。」

　　他放了五張一千元的新鈔在我的手上。又放了另外的五千元的新鈔在人傑的手中。

　　天啊！五千元！完全屬於我的五千元！

五千元，我可以做什麼？買一輛變速腳踏車，而且不必跟人傑分！

　　我想，我一定露出非常驚訝的表情吧！人傑也一樣，張著嘴巴，盯著手上的鈔票看，一副不敢相信的樣子。

　　然後，丁爸爸笑著拍拍我的肩膀：

　　「就這麼說定了，小兄弟，記得什麼都別說！」

　　丁重浩跟著拍了我們的另一個肩膀：

　　「開學後，我們每天都去福利社！」

　　我看看手上的鈔票，又看看他們逐漸走遠的身影，張開乾澀的嘴巴問：

　　「人傑，你說，這真的是要給我們的嗎？」

　　人傑動也不動的盯著手上看：

　　「他是這麼說的。」

　　「我們可以帶回家嗎？要不要讓媽媽知道？」

　　人傑皺起眉頭：「他說，不要讓媽知道！」

　　「這麼多錢耶！媽一定會知道的！」說真的，我的心七上八下的。

　「那⋯⋯，我們告訴她好了！」人傑好像也沒了主意，剛剛那些裝出來的冷靜，現在全不見了。

　「那不就把去大水塘的事也說了！」我衝口而出。

　哇！越來越難了！怎麼辦？我可以感覺到一條條冰冷的汗水，沿著我的背脊往下淌。

　人傑下定決心似的：「我們拿去還給他！」

　雖然，我有點捨不得，但聽起來是個好辦法。

　我們一起轉頭尋找，丁重浩和他爸爸早已不見蹤影。

　完了，又行不通了。但是換我想到一個好方法。我大叫起來：

「晚上！晚上，我們會遇見他，再還給他。」

「好主意！」人傑敲敲手錶：「我們快走吧！再五分鐘就一點了！」

天啊！五分鐘只能用飛的了。而且我們還沒吃午餐！

下午，陸續有人來店裡。他們並不是來買東西的，而是拉張椅子坐在門口跟其他的人聊天。有人乾脆也拿起塑膠袋，幫我和人傑分裝起紅豆。不過，只要聊到有關丁爸爸的事，媽媽就不作聲了。也因為如此，媽媽一直沒機會和我們討論討論那件事。而那整個下午，我覺得口袋裡好像裝了幾塊火炭，一直燙著我的身體，害我不時伸手摸摸它。

　　就在我又伸手摸了一次時，抬頭正好看到媽媽投過來的眼光，好像問著：「怎麼了？」嚇得我趕緊把手縮回來。接下來到晚上的時間，我不敢再去碰那個口袋。偏偏，沒吃午餐的肚子餓得像火燒，口袋也像火燒。

70

終於，夏天的太陽慢吞吞的下山了。我和人傑好好的吃個飽，幫媽媽收拾好店面，扛起飲料往樓上走。媽媽跟在我們後面，叮嚀著：

「等一下，什麼都先別說。讓我先了解狀況再說！」

又一個人叫我們別說了！大人是怎麼回事？一會兒要我們誠實，一會兒又要我們什麼都不要說。到底我們應該怎麼辦？

我上樓的腳突然像有千斤重一樣，抬都抬不起來了……

我拖著腳走進里民中心，嚇了一大跳。

　　中心裡擠滿了人，那些下午才在我們店裡聊天的人全來了。還有市場裡的阿源叔、姨婆、春福伯，還有一些看起來很面熟的人也來了！整個大廳鬧哄哄的，真的比菜市場還熱鬧。我突然覺得心跳加速，不太敢走進去。看來，我們又要成為眾人的注目焦點了。唉！這種事怎麼會降臨到我們身上呢？是因為我們不誠實嗎？

魏哥哥快步的走過來：「飲料放在這裡就好，你們跟我來。」

我們跟在他後面，穿過一排又一排坐滿人的椅子，也聽到有人叫著我們的名字，但是我沒有勇氣轉頭去看他。要是人傑跟我一起並排走就好了，至少可以壯壯膽！

魏哥哥領著我們走到第一排。「請坐！」

啊！第一排！第一排不是給那些重要人物坐的嗎？

「趙人豪、趙人傑！」有人又叫起我們的名字。

我抬頭一看，是林大山！他也來了，就坐在我們旁邊。

林大山擠過來，頭湊
到我們的耳朵旁：
「等一下，我會把看
到的全說出來！」

哎呀！該怎麼辦？
事情越來越複雜了，
要不要阻止他？

這時，上回見過的
那位重要人物上台
了，拿起麥克風說：

「各位鄉親……」

嘈雜聲逐漸減弱下
來。

「今天我們來開調解
會，承蒙各位鄉親的關
心，等一下請大家尊重
發言的人，盡量保持安
靜。謝謝大家的合作。」

這實在是廢話！因為光是飲料不夠分配，就已經有人在
後面吵架了。不過，坐在前排的我們倒是真的閉緊嘴巴，
只盯著臺上看。

重要人物又開口了：「根據上一次的調解會，陳女士要求丁先生要負起道義上的責任……」他的話被打斷了，後面有人大聲插嘴：「要求五千萬太扯了啦！」

　　重要人物臉色變得很難看：「不是當事人，要說話請舉手。要不然我會動用警力，強制你離開。」

　　果真，有兩個警察走到講臺旁，站得直直的。如果我不是坐在第一排，一定會覺得這一切比夜市還好玩。可是現在口袋裡的那五千元，還燙著我的屁股呢！

　　「根據醫院的報告，陳女士的孫子有好轉的趨勢，院方正考慮讓他離開加護病房，轉入普通病房。加上丁先生很有誠意，願意負擔所有的醫藥費用，並加上三百萬元的慰問金。」

臺下又嗡嗡的鬧起來了。沒人敢大聲說話，但全交頭接耳的議論著：

「這樣算合理啦！」

「可以啦！小孩健康最重要。」

「算很有誠意了！」

陳女士站起來，尖銳的聲音蓋過全場：

「我不是不講道理的人。我的孫子現在沒有生命危險了，丁先生又有誠意解決，我一定不會刁難。我只希望丁先生把這一次當成教訓，以後約束自己的行為，不要再去大水塘騎水上摩托車，也不要開著車在馬路上橫衝直撞。」

大概是心情好一點了，這個陳女士不像上次那樣亂吼亂叫。（說真的，我還有點兒失望，本來以為還可以來看另一場戲呢！）不過，她說得那麼有條理，全場的人都報以熱烈的掌聲，我也拍手拍得眼淚差點兒流下來，心裡高興得大喊：沒事了，我們不必被問了，錢也可以還給丁爸爸了！

　　就在大家熱烈的掌聲和議論紛紛中，有一個我們從沒見過的人站了起來：

　　「我是地方法院檢察官。

　　我想請問陳女士，你要不要對丁先生提起告訴？

　　因為我聽說丁先生在撞傷您的孫子之前，也曾在大水塘撞傷另外的小孩。為了遮掩這件事情，他拿出錢來買通目擊者，已經構成犯罪行為。」

　　陳女士一臉驚訝：「真的？我以為我的孫子是第一個！」

　　咚！全場的人都好像頭上被用力搥了一下，瞪著眼睛、張著嘴巴，一句話也說不出來。菜市場在瞬間變成墳場，寂靜得讓人起雞皮疙瘩！

那個自稱爲檢察官的人繼續說：

「那天在大水塘目睹整個過程的人，今天也到了現場，我們請他站起來說明一下。」

難怪有幾個人看起來很面熟，原來我們在大水塘見過，有幾個是釣客、有幾個是小吃攤的老闆。只是那些老闆們，今天全脫下圍裙，換上整齊乾淨的衣服，我還眞有點兒不太習慣。

有一個人站起來，就是我看到那個拿了錢不知道該怎麼辦的人，他說完他看到的事情後，從口袋掏出錢來。「這是那天丁先生給我的三千元。自從拿了這些錢後，我就睡不好覺。我知道拿錢是不對的！」

這些話像針一樣，刺著我的心，讓我的心臟像大鼓一樣的咚咚咚的打著胸膛。尤其現場像墳場一樣的安靜，我敢打賭，別人一定聽到這一陣大鼓聲了。

檢察官走到我們前面：「也有幾個小朋友看到了。我們先請林大山小朋友。」

　　林大山很激動，比手劃腳、哇啦哇啦說了一大堆，最後還指指我和人傑：

　　「當我們嚇得衝回家時，只有他們兩個還往回走，他們看到什麼，我就不知道了！」

　　好個林大山，這下子全抖出來了！不用說，媽媽的眼睛像強力探照燈一樣，掃到我們身上——停住！

　　我不敢轉頭看她，也不敢看人傑，只有直愣愣的盯著講台看，但是我的大腿卻一下又一下的抽搐起來。

　　這時，人傑的悄悄話傳到我的耳朵：「我們要倒大楣了！」

　我來不及反應，檢察官又開口了：

　「趙人豪、趙人傑小朋友，你們要不要說說看到的事情？」

　說？不說？

　媽媽眼裡的詢問、口袋裡的五千塊、其他人的眼光……，該怎麼辦？我瞄到人傑的臉一陣一陣的變顏色，我想，我的也好不到哪裡去，只覺得口袋快熱得冒出火了，別人投到我們身上的期待眼光，也快把我們燒起來了。

　突然，媽媽深吸了一口氣，壓低嗓子：「你們倆就老老實實的說吧！」

　她的聲音雖低，我卻一個字一個字聽得很清楚。我咬咬牙，看看人傑。人傑也一臉嚴肅，對我點點頭。於是，我們一起站起來，我先開頭，人傑接著說。說到重回大水塘的部分，我把我看到的那個小孩的模樣，丁爸爸說了些什麼話，又發給現場的大人多少錢，以及今天中午給我們多

少錢，一字不漏的全說了出來。

　　我聽到現場不時有人發出低呼，或倒抽一口氣的聲音，我也注意到媽媽的臉色越來越難看。不過，當我們把錢放進警察準備好的牛皮紙袋時，覺得好像卸下扛在肩膀上的大象，渾身上下輕快得不得了。我想，要是能跳一下，一定可以碰到里民中心的天花板！

　　接下來，發生什麼事情，我們就不知道了。因為媽媽湊到檢察官的耳朵旁說了幾句話，就鐵青著臉，帶我們離開了。

　　我只記得，離開之前才發現，丁爸爸和丁重浩就坐在第二排。那是我見過最難看的臉。丁重浩還對我們比中指，意思應該是：

　　「你完了！下學期不帶你去福利社了！」

　　我也在背後對他比中指，意思是：五千元我都不要了，不去福利社有什麼了不起！

　　我瞪了他一眼，跟在媽媽後面，腳步輕快的下樓去了。

接下來的兩個禮拜，走到哪裡，大家仍在討論這件事情：有人說丁爸爸被抓去關了，有人說這種事不會被關，有人說檢察官的作業沒那麼快，有人甚至在街上拉住我們問東問西，有人到我們店裡不是要買東西，而是為了多看我們兩眼⋯⋯，媽媽規定我們，一概不要理，笑臉迎人就對了。再加上一年一度中元節快到了，全鎮的人都忙了起來，我們在街上來往奔波，送一箱一箱的泡麵、飲料，扛一袋又一袋的米，根本不敢在路上多做逗留。好不容易過完節，大家好像已經不談這件事了。

開學前兩天的下午，天氣還是熱得嚇人，媽媽回家睡午覺，我和人傑倚著綠豆麻袋瞎扯。

「那些小蘿蔔頭不去游泳啦？」

「要開學了，誰還去游泳！」

「天氣這麼熱，當然還可以游泳。但是，如果要游泳，我也不要去游泳池，我想去大水塘。」

「大水塘！你還敢去？我痛了兩個禮拜。」人傑拍拍屁股。

這種事情不能輸他，我強調：「我到現在還在痛！」

人傑轉頭四處張望一下：「媽那天晚上說的話，你忘啦？還敢提大水塘！」

我打了一個大呵欠：「別緊張，媽沒來，還在家裡。現在才三點十分。」

人傑跟著也打了一個大呵欠：「開學後大家都六年級了！」「六年級又怎麼樣？」

我用手支著下巴：「又沒有換老師！」

「不曉得其他的人暑假都做什麼？」人傑又打了一個大呵欠，一副無聊得快要睡著的樣子。

這時，媽媽精神飽滿的聲音，在我們背後響了起來：「我睡覺的時候，有什麼事嗎？」

我和人傑全嚇醒了，異口同聲的大喊：「沒！沒什麼事！」

真的沒什麼事！

給孩子

你有過冒險的生活嗎？你曾經瞞著家人經歷過一些什麼事嗎？是不是很刺激，也很驚險？

這本書就是一對雙胞胎兄弟的暑假冒險故事，事情的發生都在媽媽勢力所不及的時候。因為媽媽實在是管教非常非常的嚴格，這對雙胞胎人豪與人傑只好利用媽媽在炎炎夏日的午休（瞌睡）時間，努力且用力的騎著腳踏車外出，想想看，這樣是不是很刺激？

我們可以從人豪、人傑騎腳踏車所經過的地方，體會他們的生活環境，當你讀到這裡時，不妨閉上眼睛想想自己的現況，互相對照一下。《沒什麼大事》當中的大事，就是人豪、人傑的同班同學丁重浩父子所惹出來的驚人事件——大水塘的意外。

故事中對於丁重浩有深入的描述，從他平常攜帶大鈔上福利社巴結或者是威脅同學，甚至把行動電話帶進教室的囂張作法，就可以想見他有一位什麼樣的爸爸。果然，以奇裝異服騎著水上摩托車，強行進入原本只是游泳戲水的大水塘裡大肆飆車，怎麼能不出事呢？

在出事現場，丁爸爸以為有錢就可以堵住別人的口，就可以大事化小、小事化無，於是大把大把的鈔票亮出來，塞進目擊者的口袋。

但是，「紙是包不住火的」，這句話可以做多種解釋，丁爸爸的水上摩托車肇事，報紙刊登出來了，法律終究是要出面的，紙哪能包得住火？那些口袋裡被塞進大把鈔票的人，最後全都在眾人面前再度亮相了。趁媽媽打瞌睡跑出去游泳的人傑與人豪，又如何能將這團烈火包住？

聰明的你，如果也是出現在故事中，會是其中的哪一號人物呢？

請你想一想。

一起玩・一起學

合作對象	全班同學
配合領域	數學
活動地點	室內
準備物品	筆記本、鉛筆盒

一、推選一位活動主持人。

二、將全班分成若干組， 組約六至八人。

三、每一組都是一間雜貨店。各雜貨店取一個店名，如：小美雜貨店
　　……，各選出一個店長。

四、各雜貨店店長一人，其他人都是貨品，可自行喊價。
　　如：我是醬油，賣150元；我是啤酒，賣500元，依此類推。

五、當主持人說出：「現在輪到小美雜貨店義賣」時，小美店的店長
　　喊「有」。主持人接著說：「義賣開始！」小美店的物品立刻開始
　　喊價：我是醬油，賣150元；我是啤酒，賣500元，……；其他各
　　店的人一邊聽價錢，一邊計算金額。當最後一個價錢說完時，各
　　店開始搶答一共義賣了多少錢？答對的得分。

六、各店都有義賣的機會，各組看誰得分最多，即為優勝隊伍。最後
　　大家一起為這個店歡呼，如：小美店好－，小美店棒－，小美店
　　呱呱叫－，小美店、小美店，耶──。

合作對象	家人或幾位好朋友
配合領域	語文
活動地點	室內
準備物品	筆記本、鉛筆盒

一、每個人都扮演一位書中人物：趙人豪、趙人傑、趙媽媽、丁重浩、丁爸爸、林大山、警察、檢察官……。

二、輪流擔任主持人。

三、每個人都先簡單的自我介紹。如：我是趙人豪；我是人豪、人傑的媽媽……。

四、當主持人用手點到某人時（如趙媽媽），這個人就回答說：我愛──（如愛睡午覺）；再用手點到另外一個人時（如丁重浩），他回答：我愛──（如上合作社），中間不間斷。

五、我愛──（說得越有趣越好玩）。

活動 3. 大水塘的聯想

合作對象	家人或幾位好朋友
配合領域	語文
活動地點	室內
準備物品	筆記本、鉛筆盒

一、大家圍坐成一個圓圈。

二、輪流擔任主持人。

◎ 每個人對於大水塘各有不同的聯想，要先在心裡想好，等一下別人說過的，不可以再說。

三、主持人說：「大水塘」，同時指著其中一個人，這個人要接著說有關大水塘的一句話（如：游泳）；如果無法立即回答，就扣一分。

四、當主持人問過所有人以後，就可以換人擔任主持人。

◎ 主持人要記得別人已經說過的，當有人的答案是別人已經說過的，就要扣一分；如果主持人忘記了，他要扣兩分。

五、最後統計看誰的得分最多，即爲優勝者。

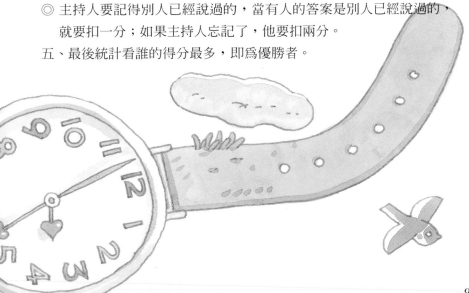

一、那些挑過雞蛋的手，抓過蘿蔔乾的手，捏過醬瓜的手，一隻隻都
　　來拍我的臉頰。
　◎請你仿照這個句型，以「腳」為主題，造一個句子。

二、怎麼樣可以把「炙熱的陽光」描寫得十分貼切？
　　　1. 太陽毒辣得連狗都躲在陰影下不出來。
　　　2. 白花花的陽光亮得讓人無法直視，熱氣在柏油路面蒸騰著，所
　　　　有的東西都像在水中的倒影一樣，扭曲變形。
　◎上面兩句話，都把「炙熱的陽光」描寫得十分貼切，現在請你也寫
　　一段話來描述。

三、成語接龍：
　◎目瞪口呆 －（呆若木雞）－

　◎洋洋得意 －（意　　　）－

　◎七嘴八舌 －（舌　　　）－

四、他露出一副很得意的樣子：頭昂得高高的，鼻孔朝向天空，加上
　　那一身艷麗的泳裝，就像一隻洋洋得意、趾高氣揚的公雞。
◎這句話在描述一個人「得意」的樣子，請你用這樣的方式，描述一
　　個人「失意」的樣子。

五、如果你是丁重浩，在發生這一連串的事件時，你會怎麼處理？

六、這本書讓你印象最深刻的人物是誰？請你寫幾句話送給他。

給家長

　　這本書其實是一個十分普通的冒險故事，說它普通，是因為就如書名「沒什麼大事」；但仔細且再三的閱讀之後，我們會發覺不僅內容豐富，而且就孩子本身的生活經驗而言，還相當的貼近。

　　就孩子的文學欣賞角度，「沒什麼大事」，就是生活的現實面。一對失去父親的雙胞胎，與母親一起經營雜貨店，那就是生活。在多元社會的多元生活中，孩子經由閱讀人豪與人傑的生活，而擴展了生活視野。

　　在媽媽精神飽滿的詢問下，這對雙胞胎驚嚇的回答「沒什麼大事」的結尾聲中，我們不禁要再從頭翻閱一遍這本書，再細細咀嚼一下所有串連起來的大事與小事。

　　故事從炎炎夏日的市場店舖展延開來，從雙胞胎的引人羨慕開始，人豪與人傑眼中的世界一幕幕拉開。腳踏車是故事中的重要工具，經由腳踏車，鏡頭從市場轉換到大水塘以及所經之處的各生活景點。

　　事件發生在再平常不過的純樸夏日生活中，那對引人側目的丁家父子，從出現到結束，都是一個明顯的對比。如果再從法律的層面去思索，那更是沒什麼大事中的一件大事了。

　　這個故事當中，值得親子共同探討的，就如上面所敘述的，沒什麼大事當中處處都是事件。對孩子來說，背著家人從事的冒險，無法與家人共同分享或討論，那種不安的心情、難受的滋味，是很值得省思的。

老師的教學運用

　　這篇冒險的生活故事，除了是一篇精彩的語文（文學作品）外，在教學運用上，老師可以結合的領域可以擴展到社會領域、自然與生活科技、健康與體育、綜合活動的部分。建議老師選擇一個空白課程，或是作爲一個週末假期的功課，請孩子閱讀此故事，並欣賞其精彩的插畫，然後運用這個故事內容，一起來探索其中包含在各領域可從事討論的話題。下面規劃了各領域可包含的內容，提供您參考。

學習領域統整圖

中心：沒什麼大事

語文領域
◎欣賞一篇冒險的文學作品
◎學習作文
◎練習將此篇故事說給別人聽

社會領域
◎了解法律小常識
◎到一個小鎮去體驗小鎮的生活
◎逛夜市，看看夜市裡有什麼
◎比較夜市的人文特色

自然與科技
◎認識雙胞胎的形成
◎水上摩托車和路上摩托車有什麼不同

健康與體育
◎水上活動的安全
◎練習騎腳踏車
◎酷暑的保健

綜合活動
◎探討兄弟姊妹間的情誼及差異
◎討論親子的關係

Let's Read 讀讀樂27【語文類・高年級】

沒什麼大事

2002年10月初版　　　　　　　　　　　　　　　　定價：新臺幣180元
2008年4月初版第五刷
2017年4月二版
有著作權・翻印必究
Printed in Taiwan.

	故　　事　林　淑　玟
	繪　　圖　徐　建　國
活動、導讀、教學運用　　九年一貫課程教學研究會	總　編　輯　胡　金　倫
顧問群　　林麗麗、林月娥、吳望如、胡玲玉、莊春鳳	總　經　理　羅　國　俊
劉吉媛、鄢敦怜、顏美姿	發　行　人　林　載　爵

出　版　者　聯經出版事業股份有限公司　　　　責任編輯　黃　惠　鈴
地　　　址　台北市基隆路一段180號4樓　　　　　　　　　高　玉　梅
台北聯經書房　台北市新生南路三段94號　　　校　　對　何　采　嬪
　　電話　(0 2) 2 3 6 2 0 3 0 8
台中分公司　台中市北區崇德路一段198號
暨門市電話　(0 4) 2 2 3 1 2 0 2 3
郵政劃撥帳戶第 0 1 0 0 5 5 9 - 3 號
郵撥電話　(0 2) 2 3 6 2 0 3 0 8
印　刷　者　世和印製企業有限公司
總　經　銷　聯合發行股份有限公司
發　行　所　新北市新店區寶橋路235巷6弄6號2F
　　電話　(0 2) 2 9 1 7 8 0 2 2

行政院新聞局出版事業登記證局版臺業字第0130號

本書如有缺頁，破損，倒裝請寄回台北聯經書房更換。　ISBN　978-957-08-4919-6 (平裝)
聯經網址 http://www.linkingbooks.com.tw
電子信箱 e-mail:linking@udngroup.com

國家圖書館出版品預行編目資料

沒什麼大事 / 林淑玟故事．徐建國繪圖．
二版．臺北市．聯經．2017.04
96面；14.5×21公分．
（Let's Read 讀讀樂．語文類．高年級；27）
ISBN　978-957-08-4919-6(平裝)
[2017年4月二版]

1.閱讀指導　2.小學教學

523.31　　　　　　　　　　106002810